LES VINGT-CINQ HEURES
DU JOUR

DU MÊME AUTEUR

Poèmes

LES POÈMES, 1955-1975, Grasset, 1977. (Ce volume rassemble
le texte de quinze recueils ou plaquettes publiés précédemment par divers éditeurs.) Prix de l'Académie Mallarmé.
LA SÉRANNE, le Mas Aubert, Aniane, 1977.
CINQUANTE TOILES POUR UN ESPACE BLANC suivi de RÉCITS-POÈMES, Grasset, 1981.
COULEURS DU JOUR, Galerie Simoncini, 1984.
UNE MAISON DE MIROIRS, Dominique Bedou, 1984.

Romans

LES NEIGES DE JUILLET, Julliard, 1963 (épuisé).
LA FORÊT BLANCHE, Grasset, 1969.
UN BON SAUVAGE, Grasset, 1972 (épuisé) et Presses du Languedoc/
Max Chaleil, 1987.
L'HOMME DE SABLE, Grasset, 1975. Prix Renaudot.
LES SABOTS ROUGES, Grasset, 1979.
LE LÉZARD GREC, Grasset, 1984.

Nouvelles

LE SPHINX ET AUTRES RÉCITS, le Cherche-Midi éditeur, 1979.

Contes pour enfants

LES AVATARS DE PILOU, Delarge, 1977 (épuisé).
LE VOYAGE A POUDRENVILLE, Delarge, 1977.
HIBOU BLANC ET SOURIS BLEUE, École des Loisirs, 1978.
BLOUSON BLEU, éditions de l'Amitié, 1980.
HISTOIRES DE LA LUNE ET DE QUELQUES ÉTOILES, Éditions de
l'Amitié, 1981.
MYSTÈRE A PAPENDROCH, École des Loisirs, 1982.
HISTOIRES DE LA FORÊT PROFONDE, École des Loisirs, 1984.

Divers

RIVAGES DU SUD, avec des photographies de Daniel Faure,
Presses du Languedoc/Max Chaleil, 1986.

JEAN JOUBERT

LES VINGT-CINQ HEURES DU JOUR

OUVRAGE ÉDITÉ AVEC LE CONCOURS DU
CENTRE NATIONAL DES LETTRES

BERNARD GRASSET
PARIS

Soleil naissant

A l'aube,
s'arrachant à la mer déserte encore,
la première goutte de sang inaugure
un monde d'eau, de terre absente, de ténèbres.

Un dieu émerge,
face aveugle
rêvant d'ordre et de partage.

L'œil germe, l'esprit médite une main.

Ainsi que l'aube

in memoriam Gérard de Nerval

Ainsi que l'aube où fut trouvé pendu
celui dont *la Treizième revient C'est encor
la première.* Et les coqs dans l'immense gris
(l'écroulement des nuits et des nuées,
les draperies fantômes déchirées) les coqs
ont-ils alors comme aujourd'hui
de voix humaine crié la mort
et la naissance enfin conjointes ?
Ah, transparence qui nous lave,
et nous plongeons nos cœurs
dans l'eau lucide où passe le reflet
laineux d'un rêve : le souffle
d'un nocturne vers l'antre qui l'aspire,
la nuit dont se resserre au loin
la citadelle. Quel fut alors,
ô ténébreux, inconsolé,
ton visage sanglant où la mort
se pavane, et quelles mains te délièrent ?
Une femme posa sur ses genoux ton corps
glacé, reconnaissant ta gloire.
Ta résurrection pourtant était écrite
ailleurs sur une table où le vent feuilletait
l'abandon. Visible de toi seul,
l'Achéron délivré arrachait à ses rives
un lourd printemps de roses noires.
Le coq chanta (mais nulle trahison !)
comme dans l'aube il chante ici
sur ce village, dont la lumière
déplie le linge où tremble ton image.

Iris

Appel de cloche
(la cloche frêle du village)
appel étroit, pressant,
pauvre comme un jappement de l'air.
Il faudrait prier.

On ne sait pas comment joindre les mains,
on ne sait pas s'agenouiller,
à peine si l'on connaît les paroles.
Il faudrait inventer alors d'autres paroles,
chaque matin d'autres paroles
mauves, roses ou bleues
comme le ciel là-haut sur les collines,
une couleur, un chant, une syntaxe plus sublimes,
et que cela gravisse l'air comme la fumée des feux
      qui monte droit lorsque le vent s'apaise,
il faudrait se perdre dans ce total dénuement, cette
      totale pauvreté,
cette désolation que l'on dit parfois infinie,
et qui finit pourtant puisqu'on poursuit le geste.
Et du plus creux, du plus opaque de ce gouffre
      dont l'eau reste invisible, devinée seulement à
      une fade odeur de mort et de marais,
on monterait vers l'absolue clarté, la cime de la
      tour, la terrasse sans terre, la hune sans
      navire,
où tout cet être disloqué se raffermit, se ressaisit,
      s'ordonne,
où le cœur à nouveau brasse et pulse le sang,
tant il est vrai que n'existe ni haut ni bas, mais une

double profondeur inversée dont les malheu-
    reux, les bienheureux abîmes se rejoignent.
non pas en droite mais en courbe (Aldébaran)
— en un point certes invisible mais irréfutable,

un point,
non pas un
visage.

(Et pourtant, dans notre
faiblesse, nous eussions
désiré un visage, peut-
être une main, un œil sans paupière)

Il faudrait prier.

*

Iris noirs dressés dans la lumière,
disant par ces bouches de la terre qu'ils ont fendue,
disant quoi ?
que depuis un demi-siècle, chaque printemps, on
    tente d'épeler :
la splendeur de ce mauve noir à peine caressé de
    jaune,
qui prend au cœur mais que l'on ne saurait saisir.
Énigme alors. Et l'autre énigme (est-ce la même ?)
    de la force qui tend vers le soleil ces flammes

sombres — main, œil, visage —
lorsque gronde l'appel silencieux entre les astres.

*

Alors Lazare, tout emmêlé de
terre et de racines,
fendant la tombe,
grand iris noir échevelé,
dit aux femmes :

« Je suis revenu parmi vous. Regardez-
moi. Je ne peux rien vous dire. »

Toutes le regardèrent
et il n'y eut point de paroles.

*

Empédocle respira une fleur
puis il sauta dans le
feu.

*

A quatre-vingt-onze ans,
Hokusai peignit un simple iris,
si limpide, si précieux
qu'à travers ses pétales
on voyait toute la lumière.

Il dit : « J'ai terminé. »

*

Et Van Gogh, dans le jardin de Saint-Rémy
où le printemps éclate en orage d'iris,
ivre de mauve et de parfum,
s'étendit sur la terre et accueillit les voix.

*

Ainsi, chaque printemps, malgré le
poids des roues, le pas des cerfs,
le gel et le tonnerre
(malgré le doute qui nous brûle)
dans le temps et contre le temps,
la terre tiédissant se couvre de paroles.

La frontière

A l'aube dans le feu, trois fois venu,
que veut cet ange avec son visage de femme,
ce visiteur troublant et taciturne ?
Quelle parole s'apprête sur sa bouche,
quelle promesse que le silence clôt ?
Cette terre de nuit,
ce bois sanglant seraient-ils contournables ?
Sa main suggère une possible voie
puis, au-delà, et d'un seul doigt désigne
la passe unique, l'invisible frontière.

La plaine

à Luc Bérimont

Vide toujours, la plaine balayée
par les corneilles ; le blé somnole
dans les granges, le chaume tremble
à l'infini des terres. L'été s'épuise.
La fenêtre du nord bute sur ce désert
où le brouillard têtu traîne ses châles.
Toujours ce fut ainsi, je reviens, j'interroge :
Combien d'années ? Quelles moissons ?
Même creux et même vertige ! Nul n'apparaît
que ces oiseaux qui craillent. Le temps
s'est-il figé sur ce théâtre plat
où n'entre plus ni ombre ni regard ?
Immobile alors, à ce prix.

Mais un matin, derrière le rideau,
la plaine s'est meublée là-bas d'un peuple nain.
Qui sont ces mimes, ces fantômes ? Ainsi jadis
on glanait le repas de la volaille rousse,
on arrachait aux vieux talus des herbes
pour les bêtes, les tisanes et les poisons.
Des femmes aux lourdes jupes et qui sentaient le chien
maugréaient dans le gris. Villages médusés
sous un vol d'angélus, chauves-souris
dans le couchant d'un autre siècle !
Le vent s'acharne à contretemps,
il nous affronte et nous arrache,
nous ne saurions le vaincre.
Et notre cœur alors s'en fait complice ;

fumée, oiseau, couleur de terre :
tout retourne vers la mémoire,
tout se replie sur son parfum.
Loin des rires et des plaintes,
nous nous laissons porter amont jusqu'à la source,
l'eau frileuse, l'enclos de branches,
la lumière du premier jour.

Le balcon

à Jean-Vincent Verdonnet

Ce balcon fut jadis ouvragé
par le forgeron à l'entrée du village,
qui maintenant gît sous la pierre et le cyprès.
La forge est toujours là, près du mûrier,
bicoque de travers, illuminée de chaux
où rôde une vieille parmi la volaille.
Elle ne sait plus l'odeur du feu ni l'éclair
rouge ni le sifflement du fer dans le seau
près du soufflet qui geint et de l'enclume.
Ces vestiges furent brûlés sans doute
ou bien rouillent dans quelque mare. Seul
un chien griffe le seuil. Dans une assiette bleue
fêlée gloussent des figues. Hors cela
tout s'est brouillé, et du visage obscur,
des paroles, nul ici ne se souvient.
Pourtant demeure ce balcon à ma fenêtre,
minces volutes, belles dans la clarté
comme le chat, tout près, masqué de noir,
l'oreille aiguë, et qui se lèche
puis, se figeant, scrute les oiseaux nains
dans l'acacia. Les volets verts s'entrouvrent
sur l'autre vert plus tendre du feuillage.
Dans les plis du rideau, une mouche velue
tourne et rage. Sur ces oiseaux je m'interroge :
venus de quelle Afrique, avec ce casque
pourpre, la gorge grise, l'aile doublée d'une soie
d'éventail que leur envol brusque déplie ?
(Je songe à une poète qui connaît *tous* les
oiseaux, et me promets de lui écrire.)

Du bout des cils, j'ombre le fer léger,
j'adoucis sa courbure, je vois par transparence
la main perdue, le cœur ancien et la vive
candeur. Par son ouvrage où vibre encore l'amour
l'homme est présent ici chaque matin
dans la lumière de l'éveil et la gloire
toujours naissante. Pourtant j'ajoute
un rien de bleu entre les branches,
plus bas le pourpre d'une rose
et, sur la fourrure du chat qui bâille et tend
le nez, une moustache en minces traits d'argent.

Mélusine

à Michel Cosem

« Ne m'interroge pas, ne cherche pas, dit-elle,
derrière mon visage l'autre visage
et l'autre encore, l'autre, jusqu'à ce lieu
où la lumière se dissout, où pèse
et gronde une nuit que je sais.
Cela que nous portons dans le lointain du corps,
l'enfant de terre avant la terre,
le jamais-né, toujours vivant,
qui grogne dans la boue grouillante et noire,
ignore-le ! N'écoute pas mes cris
lorsque la lune saigne à la fenêtre,
n'écoute pas mes songes. Puisque tu m'aimes,
pose ta main contre ma bouche,
écarte la douleur. Une eau profonde
accueille le reflet, se fait miroir,
et c'est là qu'il faut vivre, aveuglé, dans l'oubli :
mon seul visage pour le monde mortel.
Les yeux fermés, lisant d'un doigt mes lèvres,
accepte cet instant. Nous aurons des jardins,
des rires, des enfants, je ne serai pour toi
que l'arche, l'embellie. »
Mais lui, l'amant, toujours plus se penchait
sur le miroir où il glissa, tomba
dans l'épouvante. Toujours il l'eût aimée
pourtant, grosse d'une telle ombre,
si Mélusine, à grand bruit d'ailes,
avec un cri d'effraie, presque joyeux,
ne se fût arrachée de lui entre les tours.

Le métaphysicien

Le métaphysicien, couché sous une peau de loup,
regarde tristement tomber la neige.

Brève est la vie. Brève, dit-il, comme cette pous-
sière d'eau qui tombe et brille et meurt.

Proche est la terre, dit-il, proche la mort dont rien
ne nous protège. Courbons le dos, resserrons-nous
contre nous-mêmes, notre seule pensée.

Il ne voit pas, dans la forêt, la jeune louve qui
saute et, de sa bouche rose, gobe un flocon.

Au bois sacré

Penchant la tête vers le trou, la bouche sombre sous la roche, il demanda : « Combien de temps me reste-t-il ? » La gorge au loin gargouillant dans ses gouffres dit : « Trente ! » dans un souffle.

« Trente ? Trente quoi ? Minutes ? Mois ? Années ? Secondes ? » Interrogée, la muette désormais bâillait comme une vulve de jument.

Trente, oui, mais peut-être aussi bien *tente, rampe* ou *tremble*, songea-t-il, et que tirer de cette engeance obscure ?

Le temps chassait à grand bruit d'armes sur les cimes : cela du moins était certain. Comme il était presque certain qu'il pût encore écrire, sans plus tarder pourtant, ce poème.

La source

Source innocente où se penche le jour,
œil grand ouvert,
vitre de quel visage ?

Faut-il nommer puisque nommer dissout
ou n'être que ce chant qui monte dans la nuit
comme l'eau monte par les degrés de schiste :

belle aveugle aux mains bleues
et sûre de sa route
vers le silence et l'ordre sous les arbres.

Encore avril

Encore avril, ses
flammes frêles, ses
rossignols, ses lilas.

Salut, soleil, voici
nos vêtements de fête
et le feu de nos paroles.

On nous croirait
à la crête du jour
presque joyeux.

Mais il y a dans notre
terre, au plus sombre
au plus secret, un
vide que rien ne comble.

Le mot chien

Le mot *chien* a mordu l'enfant
qui lisait dans la nuit farouche
et dont la main doucement saigne.

Il a vite jeté le livre,
il s'effraie de la douleur.

Sa blessure déjà l'exile.
Son cœur s'accroît.
La chambre nue s'emplit
de clameurs et de branches.

La pomme verte

Oubliée au jardin
dans la brume
le gel

frileuse elle se clôt
sur le secret de
son parfum.

L'enfant la voit
et la porte
à l'aïeule

qui dans son tablier
mauve la fait
briller

puis sur la maie la
pose près de la
planche à pain.

De son mystère
elle illumine la maison
        la pomme verte.

Paroles de la jeune fille

« Au mois de mai
ruse le vent
sa bouche m'a saisie.

J'ai mis
ma robe rouge
je hante le verger.

La sève gronde
il pleut des fleurs
ma mère est plus lointaine.

Dans l'ombre
entre deux rocs
peine une pousse noire.

J'attends l'arbre secret
le fruit
son goût de sang. »

Derniers feux

Malade au mois de mai,
assis près du foyer
où craque un feu de cade,

maugréant, méditant
sur le défaut de l'âge
et l'immortalité.

Derrière la croisée,
déjà la pluie défait
les cascades de roses.

La huppe dans le pré
creuse son cri funèbre,
occupe le silence.

Et je tisonne le brasier
d'où léger parfois s'élève
un insecte gris : une cendre.

Visage

Sa bouche ne veut pas s'ouvrir,
sa langue ne veut pas parler.

Devant un tel visage
on s'incline, on interroge

mais rien n'émeut la haute image
dont brûle la beauté dans les chambres mortelles.

Son silence pourtant nous est langage,
apaise notre sang, nous allège, nous encourage.

Ombres blanches

Lingères,
belles transparentes
des villages d'autrefois.

Vos ombres blanches dans l'armoire,
d'où venues, pour me dire quoi ?

Portrait de l'artiste

Assis, menu, jambes croisées,
ce point, ce presque rien, est un
homme qui fume, médite
écrit. Le sable est sombre :
mica, roche rayée, usure.
Dans le torrent, de chute en chute,
vole la truite ; des saules nains
agitent leurs toisons ;
les ombres brûlent la montagne
où sonnent les brebis.
Sur les cimes les messagers
soufflent mystères et merveilles,
et les étoiles invisibles, les belles mortes,
dans l'infini bleuté voyagent.
Ferme les yeux, détourne le miroir,
et dans ta nuit très humblement mesure
la joie, l'offrande du vertige.

La cathédrale décapitée

Le porche blanc de pierre crénelée
n'ouvre sur rien, l'absence d'une ville :
maigre verger, vasière, bicoque bleue penchée
sur un canal où se glisse parfois
quelque chaland funèbre. Des filets
noirs, des treuils, des croix suggèrent
l'appareillage d'une torture ancienne,
et le soleil épuise les rivages.
Sur l'île basse seule la cathédrale
décapitée pèse comme un tombeau
parmi les pins que tordent les tempêtes.
Le cri des paons écorche la lumière.
Pousse l'âpre vantail, respire le parfum
des gouffres, marche le bras tendu
dans la nuit de ton corps
jusqu'à l'autel où suinte une clarté.
Et là, touche la pierre oblique,
retiens ton souffle, écoute, écoute
bruire comme des mouches bleues
l'essaim des morts nombreux, la paisible épitaphe.

Derrière la porte

Et si derrière cette porte
où tu attends, jambes croisées,
feuilletant des magazines
pleins de meurtres et de sourires...

(La jeune femme lime ses ongles roses :
« On va venir, on ne saurait tarder,
ne vous inquiétez pas ! »
puis bâille, roucoule au téléphone
tandis que par la vitre tu regardes
un amandier en fleur)

et si derrière cette porte
dont la peinture peu à peu s'écaille
et dont le bois très doucement
tombe en poussière...

(« On va vous appeler, calmez-vous,
patientez ! » Et pourtant ses cheveux
sont presque gris, des rides
autour des yeux se creusent,
mais c'est peut-être à cause
de cette mauvaise lueur d'hiver
où l'arbre nu craque dans les rafales)

ah ! si derrière cette porte
où tu attends depuis des
heures, des
mois,
des années peut-être,
si derrière cette porte
il n'y avait
personne.

Blanc, noir et rouge

Ce poème que j'écrivis dans un hiver déjà lointain
et qui parlait d'un chat noir
assis près d'un bouquet de roses rouges
ou bien peut-être de tulipes
mais rouges cependant,

ce poème pour saisir la beauté rouge et noire.
Et dehors derrière la vitre il neigeait je m'en souviens ;
de la terre montait une lumière blanche.

La neige a fondu, les fleurs se sont fanées,
leurs pétales ont chu sur la table de marbre,
le chat est mort, enseveli sous le cyprès dans le jardin.
En cherchant je pourrais retrouver le poème
et voir s'il s'agissait de tulipes ou de roses —
oui, de tulipes ! je me rappelle les corolles très rouges
et ce chat très noir, que j'aimais, et qui
discrètement, les yeux ouverts, est entré dans sa mort,
si bien qu'il n'y a plus que ma mémoire,
et lorsque moi aussi je partirai
seuls demeureront
les quelques mots,
les mots
pourtant si
fragiles
du poème.

A la fenêtre

Assise à la fenêtre, une fillette épelle
un livre lourd posé sur ses genoux.
L'œil captivé, la tempe sont masqués
par la sombre chevelure éperdue,
et la jupe rose, à fleurs, se retrousse
sur les jambes et cuisses nues
où la lumière entre les feuilles joue.
Parfois la bouche souffle une bulle :
« L'enfant glissa dans le miroir... »,
« La foudre rôde... », « M'aimez-vous ? »
mots balbutiés comme pour la mémoire.
Sur le silence retombé vibre une mouche,
et dans l'ombre de la cuisine
une vieille remue des linges, des ciseaux.
Contre le mur crépi de blond
flambe le sang d'un géranium,
tandis que le boucher (blouse, béret, moustache)
passe courbé, portant sur ses épaules
une bête décapitée. C'est presque
midi, en Beauce, l'été, dans un village plat
où le vent traîne la sourde odeur du blé.

Midi

L'odeur qui monte des cuisines doit plaire aux dieux
et la marmite vaut le creuset du poème
où mijotent les métaphores. Disons aussi :
prière, action de grâce, offrande ;
et je regrette que désormais l'on oublie
de servir les invisibles sur l'autel
au pied des effigies de glaise, dans un recoin.
Que ces effluves restent du moins l'hommage
dont se réjouissent les célestes narines,
si lointaines, si perdues soient-elles sur les cimes
de nos brumeuses métaphysiques. Près des fourneaux
hommes et dieux enfin réconciliés partagent
la chair et l'esprit. A cet antre siéent la pénombre
des sanctuaires, la main dévote, le murmure
et le feu bas où fument les graisses.
Le cuivre vaut bien l'or, le persil l'encens ;
le géranium sur la fenêtre pose un vitrail
où juste assez de lumière rouge et bleue s'ébroue.
(Des blancs laboratoires, saisis par le gel,
ne sortent que des œuvres de mort, limbes et
simulacres, brouets pour jeunes robots.)
Ici pendent aux poutres les herbes, l'ail, l'oignon,
et le sentier jusqu'au jardin est bien frayé,
comme ces routes jadis où brinquebalaient les saveurs
de l'Orient. Il convient qu'en ce lieu règnent les femmes,
leur goût du ciel et de la terre mêlés,
et que le cœur s'engage en ces métamorphoses.
(Pourtant les cuisines se vident comme les couvents
tandis que les hommes tâtent du mystère. Ah, poète barbu,

j'aimais ta soupe aux choux autant que tes vers !)
Puis, plus tard, autour de la table, les morts
discrets entre nous viendront s'asseoir,
et c'est à peine si nous entendrons
leurs serviettes dans l'ombre se déplier.

Annonciation

Ah ! quelle troupe obscure se rameute
dans l'eau des trembles, près du lavoir
où se jetaient jadis les folles en fichus ?
Bohémiennes en robes vertes avec des singes,
des paniers, des tarots, autour des feux
dont s'inverse le vol de mouches dans la rivière,
ivrognes boueux riant à la lune en fête des fossés,
trimards constellés de la paille des batteuses,
marchands d'œufs, tueurs de porcs, rebouteux,
brigands, brûleurs, prophètes de basses-cours.
Plus loin, dans un fouillis de menthe et de fougère,
la pécheresse se débarbouille et retrousse sa chemise
tandis qu'un renard fourrage dans les buissons.
Pareillement luisent la chevelure et la toison,
et le rôdeur troublé guette l'odeur d'aisselle,
les bruits de bouche. D'où vient-elle, cette femme lourde ?
De quelle hutte où forniquent des charbonniers ?
Pâles, ses seins furtifs disent la lune ;
ses mains aux griffes noires sans doute ont tordu
l'osier, la laine et le cou des bêtes.
A quatre pattes, elle lape des reflets bleus,
et le soleil, pensif, entre les feuilles,
bénit d'un doigt divin la rustique croupe.
Dans la nuit du ventre déjà remue l'enfant,
le bâtard, qui comme l'oiseau fabuleux,
plumage déployé d'azur, et sans un cri,
un jour s'arrachera à ce désert de branches.

L'après-midi

Qu'est-ce que c'est encore que ce village,
cette espèce de ferme rousse où je dors
sur un banc, la tête sur ma veste
qui me pique la tempe et pue le chien ?
C'est l'été, on dirait, et le silence de la sieste.
On a tiré les volets contre un soleil qui doit rager
sur les feuillages mous, sur la morne volaille
et le gerbier dont je renifle vaguement l'odeur.
(Qu'un vagabond ivre une allumette y craque,
avec un rire ébréché, et le château velu s'embrase ;
mais par bonheur la brute rôde ailleurs vers
                          [d'autres méfaits.)
Dans la salle qui sent plutôt la soupe et la cendre
trois ou quatre mouches butinent une lampe
dont le globe jadis laiteux et le cuivre
pareillement s'ornent de chiures. S'y reflète
pourtant, couleur de vieille monnaie frottée,
une menue lueur suintant par quelque fente.
Sur l'évier cloque une goutte. L'horloge
qui doucement brinquebale dans l'ombre
bientôt sans doute va sonner, avec un raclement
de rouages comme de gorge cacochyme.
L'esprit tout empêtré dans une toile,
à peine si je peux remuer la main
pour essuyer la nuit à mes paupières
tandis que du sommeil remonte un rêve
comme un poisson venu des profondeurs :
j'ouvre une porte, j'entre dans le jardin
où trois grands chevaux noirs broutent les branches
puis se tournent vers moi et montrent leurs dents.

Sans doute devrais-je appeler Noémie
qui sait tout de ces bêtes et les apaise
d'un geste, d'un regard. Sa robe couleur
de feu apparaîtrait dans l'ombre
de leurs corps, son bras sur leurs crinières,
et j'entendrais comme jadis un bruit de bouche
tel un baiser qui volette dans les feuillages.
Mais je n'ai plus de voix, et d'ailleurs
déjà les sinistres passants s'effacent.
Maintenant je suis seul dans la rumeur des mouches
et de l'horloge dont en effet soudain cogne le cœur.
Où donc peuvent bien se trouver le village
et cette ferme pauvre où j'ai dormi
comme un trimard boueux sur ce banc de chêne ?
Que me voulaient ces trois masques noirs
avec leur rire et leur menace de morsure ?
Noémie sans doute aurait pu me le dire,
mais elle vit dans une terre lointaine et plus heureuse
que ces campagnes où l'été ne flambe que quelques jours.

La bibliothèque

Ici la bibliothèque, dans une ancienne grange
où furent percées jadis ces fenêtres, l'une
sur le verger, l'autre sur le jardin — le potager :
seul jardin qui m'émeuve puisque l'enfance encore
y souffle des ombelles, la vieille main y fouit
la terre, mon père mort y rôde en cotte bleue,
chapeau cassé de toile, tirant au cordeau des
allées dans le brouillard. Toute pièce donne sur
un paysage, et ce paysage lui donne
sa lumière et son esprit. Ainsi la bibliothèque
dont j'aime qu'elle soit entée sur le jardin
comme un rameau plus précieux sur le sauvage
qui lui apporte sève et vigueur. Pièce reine
de la maison — à peine plus pourtant que
la cuisine ou que la chambre ! — où les livres
en couches sombres s'accumulent,
formant un lourd terreau, une patrie
d'où sortiront une pensée, un autre livre
qui les ira rejoindre, chaque saison
épaississant le sol. Nul classement, mais je sais
où chacun demeure, vivant, ardent, replié
sur son riche sommeil, toujours prêt à s'ouvrir,
à me parler, à me souffler ce que j'ignore
ou que j'ai oublié. Ici, les maîtres, près de moi,
les grandes sentinelles toujours veillant
dans le soleil des hautes passes. Ils m'ont hissé
sur ces terrasses d'où l'on voit l'autre côté :
un paysage semblable et dissemblable à celui
qui m'enserre, devenu lumière et musique,
traversé de corps harmonieux, de beaux visages

ineffables. (J'y ai vu Béatrice, Laure et Sophie
— tant d'autres, dans les fleurs et les voiles,
souriantes, que la mort jamais ne défait !)
Les maîtres donc que je révère, que j'interroge
quand la brume qui toujours menace
étouffe la vallée où les gouffres bâillent,
et toujours ils me répondent, parfois d'une
voix si basse qu'à peine j'entends leurs paroles,
et parfois soudain ils parlent clair ;
alors, levant la tête, voyant dans une trouée
des étoiles, je reconnais le chemin.
Puis les livres de mes amis, passés, présents,
assemblés là comme autour d'une table
où flambe le vin. L'un d'eux se lève,
lève son verre et me regarde. Pourtant
certains sont morts, d'autres se sont perdus
en terres étrangères, étrangers à eux-mêmes,
dans la dérive, ancre rompue, vers l'amertume
ou de factices gloires. *Death has undone so many!*
Oui, tant de morts diverses ; mais d'eux je garde
l'image, toujours jeune, d'un temps où
s'enflait la voile, où vibrait le navire
pour la conquête en haute mer. Leurs stèles
sont serrées ici dans le silence et le pardon.
Mes propres livres aussi, qui occupent une demi-
étagère, et le reste sera bien suffisant, même si
je sens que presque tout reste à dire, que je n'ai
saisi çà et là que quelques minces signes.
Il faudrait une autre vie, plusieurs vies,
pour atteindre enfin *le* livre ; peut-être, qui sait ?
une simple page où tout serait dit dans l'absolue
clarté. C'est vers cela que nous allons :
le jardin de silence et le sourire immobile.
Aussi reprenons-nous chaque fois la même route

avec ses bourbiers et ses mirages, la lâcheté, la
paresse : tout ce qui nous écarte et nous égare.
Mais parfois, pour un instant, dans cette grange
où le soleil poudroie de rêves et de mots,
une belle et forte gerbe de blé soudain brille.

Les passantes

Deux jeunes femmes marchent nues sur la plage,
l'une rousse, qui parle, et d'une main
lisse les mots ; l'autre attentive, blonde,
les bras croisés contre ses seins.
La mer lèche leurs pieds, emporte les paroles
et le soleil mousse sur les toisons.
Au loin, penchée, peine une voile
sur le bleu que piquent les mouettes.
Le sable luit dans la tendresse de septembre.
De ces passantes, ni pause ni regard
pour celui qui, couché dans la chaleur,
entre ses cils suit longuement
la danse brune de leurs corps.
Reprises peu à peu par le sable désert,
sable leurs corps, écume leurs visages,
elles dénouent des songes turbulents.
Dans ses gouffres secrets la nuit s'apprête.
Un oiseau crie. Le jour est consumé.

Falaise rouge

Il faut aller toujours dans cette voie de poudre,
toujours, sans plus savoir
ce qui nous pousse et qui nous porte.
Mais celui-ci dont le cœur se trouble
soudain s'arrête dans un lieu
que pourtant rien ne désigne
ni ne distingue du monde gris :
une plate banlieue avec des routes
grondantes, des usines, des pavillons
perclus dans des jardins.
C'est peut-être aussi que le ciel
du soir s'embrase sur le canal
et qu'un reflet marque la main d'un signe pourpre.
Il se souvient alors des fleurs d'enfance
près de l'enclos où glousse la volaille :
pivoines ardentes et fragiles, très loin, jadis,
mais dont l'éclat, pour peu que les yeux se ferment,
toujours profond, flambe dans le brouillard.
Il s'arrête un instant comme un qui souffle
après la longue marche désolée,
puis, avec effort, il se retourne,
il rebrousse chemin, courbé contre le vent,
et va vers l'horizon où, sauvage, se lève
une falaise rouge entre les branches.

Dans la cuisine

Le feu craque dans la cuisine,
et de grandes vapeurs échevelées
collent aux vitres leurs visages.

Sur la table l'enfant écrit.
Penché, le père guide la main qui tremble.
« Applique-toi ! » dit-il « C'est mieux,
c'est bien » puis « Il est tard. »

L'enfant écrit *enfant*,
et de ce mot s'étonne sur la page,
comme d'une bête douce que tantôt
il pourra du doigt caresser.

De sa plus belle main, le père écrit *miroir*
avec des pleins et des déliés
élégamment bouclés entre les lignes
(commis aux écritures à la fabrique.)

Miroir copie l'enfant, puis il soupire :
« J'ai bien sommeil ! » « Il neige » dit le père.
L'enfant écrit *Il neige*, et, dans son tablier
bordé de rouge, paisiblement s'endort.

Les limites

Dans le lointain du corps,
dans la clairière où brûle
une intense clarté,

nous devenons enfin
le songe que nous fûmes,
l'ombre portée d'un roi

— demain fendus, poudreux,
repliés sur la nuit
comme une feuille au feu
brusque qui la surprend.

Feuillage

Le temps rusé s'effile et nous séduit
pour qu'aveugle nous oubliions
l'urgence de nos rêves.

Et quelle usure inscrit
son mince meurtre dans le sang !

Le jour faiblit. Ce qui nous sauve
rôde oublié dans les marges du vent,
une dernière lueur illumine un feuillage.

Un bref instant,
comme d'un feu nous percevons l'image,
puis la nuit gronde et tout est emporté.

Le berger fuyard

à Jean Digot

Lanterne au poing, le maître court sur la roche blanche,
dans les ronces et les buissons, là où la terre
s'incline vers les gouffres. « Reviens, je te pardonne.
Marche vers la lumière ! » Le vent brouille sa barbe,
des feuilles emportées sifflent dans l'ombre,
un nocturne pille le ciel, mais l'innocent
ne répond pas, le berger fuyard. Léchant ses larmes,
il s'est coulé dans la montagne comme un renard
qui sent les chiens, il flaire le silence
puis à genoux lape une source noire.
Ses mains savent les passes où la nuit
secoue ses robes de sorcière. D'anciens troupeaux
piétinent la mémoire, l'enfance pleine de coups et de cris,
et seule la brebis fracassée dans l'abîme
brille comme une hostie de sang. Les corbeaux
funèbres la mangeront. Ses ossements
bêleront neigeux au soleil. Il rit maintenant
et dans sa peau de bête galope sur les cimes.
La voix plus loin supplie : « Je t'attendrai.
Suis le torrent jusqu'à la croix ! » Soudain la lampe
tournoie comme une mouche à feu et s'enfonce.
Nuit sans peur dans la folie des mains qui volent
et du cœur partagé entre désir et rage,
tandis qu'en bas, auprès du feu courbé,
bâille l'enfant d'une mère intouchable.
Sur les remparts déserts où roule la lune,
l'idiot bondit, tète le sein des louves,
bredouille entre ses dents de vagues plaintes.

48

A l'aube il se glisse dans la bergerie,
reniflé par les chiens qui se taisent,
dans la paille d'une mangeoire creuse un nid
puis s'endort, un bras sur les paupières,
bercé par des souffles laineux.
Et c'est dimanche un instant dans sa tête,
avant que le maître ne l'éveille avec un juron.

Jour blanc

à Charles Juliet

Jour blanc,
jour sans parole,
sur le papier silence de la main.

L'hiver s'aggrave.

Dans le jardin figé glissent les merles
comme des mots vite happés par les buissons,
au loin s'acharne une hache invisible,
le gris du ciel souffle qu'il va neiger,

neiger sur le jardin, le merle, la main, la page,
sur le silence de la terre.

Pourtant, près du feu, veille le solitaire,
le guetteur fatigué dont le cœur trébuche
tandis que volent en lui des lambeaux de lettres,
des songes, des fantômes qu'efface le vertige.

(Sans toi, livre futur, je ne suis rien
que ce corps boueux, cette attente vide,
ce creux noir où baissent les tisons
face à l'immense approche de la neige —

livre toujours rêvé,
jamais écrit,
comme l'enfant mort dans sa mère
et qui la tue.)

Crépuscule sur les salines

Ce qui rôde sur les salines
entre l'eau mauve et le soleil,
ce qui rôde et s'étire, cette
couleur si tendre, si
chastement déliée de la terre
mime la robe qui s'ouvrit
jadis un soir sur le grand lit de sable.
Était-ce un autre siècle ?
Quels cavaliers trouaient le ciel,
dressant le feu de leurs crinières ?
Comment nommer celle qui fut
passeuse des brouillards
et la première à dénouer la peur ?
(Si loin la rose, la mémoire !)
Est-ce douleur ou trêve ou délivrance
lorsque le cœur dépossédé s'exile
des terres de l'orage ? D'autres regards
certes nous sont promis, de plus hautes alarmes,
mais jamais plus l'enfance partagée,
le frais larcin, le mince corps qui tremble.

Le ciel s'accroît, l'eau brûle ses jardins.

Mémoire

52

Je ne vois plus le pont entre ces deux rivages.

Brume du soir : annonce de l'exil,
et l'amour est rompu
de la terre à la terre.

La bague s'engloutit dans une source noire
ne laissant qu'une lueur
infime, qui décroît,
un fantôme puis rien :
l'affreuse courtoisie de la mémoire.

Le vitrail

Regarde le vitrail ;
l'église, le blasphème.

La rose mime, au centre de clarté,
la bouche nue, le sexe partagé
dont nous eûmes jadis fragile jouissance,

fragile en sa beauté sous la nuit et la pierre,
le corps déjà défait, la gorge déchirée
par une écharde noire.

Vite ferme les yeux,
repose dans ta chair,
allège-toi des terres fécondées.

Tu vois sous tes paupières
l'empreinte du brasier,

et plus tard,
dans la nuit,
l'image de la rose.

Ce jour

Ce jour, je l'ai suivi
jusqu'à l'extrême rive
jusqu'aux parages de la nuit,
cherchant à ralentir
son cours, cherchant
à lui donner plus de
saveur et de lumière.

Aube sur le verger, heure du thé, prière.
Rite de l'eau, patience du jardin.
Avec le chat et les oiseaux : partage.

Livre fermé, attente du poème.
Mouche égarée dans l'ombre de la sieste.

La main déçue, le cœur plus lent, la lampe,
le livre encore et l'image du feu
tandis que s'épaissit le soir à la fenêtre

et que monte la nuit qui ne m'apporte plus
ni l'arche ni l'amour
ni ses monceaux de rêves.

Supplication du soir

Accordez-moi
un sommeil sans orage,
sans crachats, sans
assassins,

un vol mauve dans le vitrail,
l'eau et le feu,
la lune et le soleil conjoints.

Délivrez-moi du cri,
ouvrez
la haute ruche du silence.

Que se pose sur mes paupières
le doigt, le
signe bleu de l'ange.

Passage du cerf

à Léopold Sédar Senghor

Attente de ce qui rôde, tarde et ruse,
de ce qui peut-être nous a fuis,
au loin déjà s'est replié comme les racines
que ni main ni charrue ni dur courage
ne débusquent, tant elles sont lacées au roc
dans une terre où gîte la plus opaque nuit.

C'est le soir pourtant, l'heure
où l'aventure, ouvrant de hautes pistes,
rameute aux cimes ses partisans.
Mais, suspendue, la plume se délite,
il n'y a plus ni page ni parole.

Seul surgit un paysage de neige
où marche un cerf qui lentement s'éloigne,
laissant des traces droites, comme un qui
sait le but, qui jamais n'hésite, que rien
ni rafale ni spectre ne déroute
tant la force en lui tendue fend l'espace et le gel.
Une fois pourtant il s'arrête et se retourne,
il a visage d'homme on dirait, bien que la rage
des flocons d'abord brouille les lignes
et que la nuit suinte, saluée par l'unique étoile.
Visage d'homme, oui, puisque la lune
dans le ciel fendu révèle désormais le front,
les bois rouges, les yeux immobiles
dont la lueur s'accroît. Ils fixent un instant
non pas le frêle voyageur qui tremble
mais la neige infinie dont la houle efface

tous les signes : les fermes, les labours,
les bornes, les tombeaux, les chemins étroits.
Dans la blancheur, la bouche bâille, souffle,
n'offre qu'un trou noir où la langue fume.
Puis, sans hâte ni crainte, d'un vaste mouvement,
il reprend sa marche hautaine et nous oublie.

La plume bouge alors, la main écrit :
          Silence
          Nuit de lune
          La neige se replie sur les traces du cerf.

Le veilleur

Il y a toujours quelque part dans la nuit de la ville
une fenêtre obstinée qui brille
à flanc d'abîme : un carré de lumière
comme un signal tendu vers d'autres mondes.
Et la nuit enserre la ville pesante
où gisent dépouillés de leur destin
des êtres disjoints que le sommeil
tord et jette rompus sur des lits de cendre.
Pour un instant ils s'absentent et dérivent,
et celui qui les tire vers le gouffre de brume
n'est-il pas le Maître de la prévisible fin,
répétant des postures et des mimes funèbres ?
Mais lui, l'inconnu, le veilleur singulier,
ne cesse d'interroger l'immense visage,
et c'est à peine si sa main et sa bouche tremblent
de fatigue ou d'effroi lorsque s'amassent les ombres
comme des fantômes autour d'un navire
médusé, dans l'inquiétude des détroits.
Sans doute son esprit parfois s'élève
et vole alors au-dessus du désert,
tenu par les souffles croisés du ciel et de la terre
tandis que toujours brûle l'étroite fenêtre.
Parfois aussi ce n'est plus qu'un dormeur sous la lampe,
sa main posée sur le livre ouvert,
laissé aux plis du drap, près des lunettes
et d'une tasse à demi pleine de cendres,

ou bien encore c'est un mort solitaire,
un oublié, assis, les yeux béants,
une mouche acharnée déjà sur ses paupières.

Cavalier
dans un paysage romantique

Lorsqu'il voulut mettre le pied à terre
le cavalier vit que la nuit tombait :
terre inconnue sans route ni repère
et nuit si noire qu'il n'en pouvait saisir
qu'une rumeur comme de brume en mer.
Il avait dû dormir, son front était mouillé,
le vent remuait des mares pourrissantes.
Dormir. Vieillir. Qui sait
combien de temps nous ronge le sommeil :
celui d'une pensée ? une nuit ? une vie ?
Sa faiblesse l'étonne, et qu'il se trouve seul
là où la troupe épaisse chevauchait.
Des compagnons diserts ni l'ombre ni la trace.
A son appel nul ne répond.
Il se souvient qu'un soir il a prié.
C'était dans une auberge d'assassins ;
les étangs grelottaient de fièvres ;
des chiens jappaient contre la lune.
La peur, au loin, rameute ses paroles,
une autre bouche murmure sur sa bouche
un songe plus serein, vite emporté.
Et la lettre qu'il avait longuement méditée,
si grave, si pressante,
dont dépendait toute la marche du destin,
l'avait-il bien remise au messager,
l'avait-il même écrite ? Vieillir.
Défaut du cœur. Si peu dépend de nous !
Ailleurs, dans la mémoire, des femmes esseulées
tirent des linges, mordent le fil, dépouillent leurs visages.

Il n'y a plus d'auberge, plus de lampe,

on peine dans la boue qui siffle et grogne,
soudain le vent s'enfle comme une voile.
Contre sa main le cheval harassé tremble,
flaire la nuit, s'arrête au bord silencieux
où l'on pressent l'approche d'une barque.

Pierres levées dans la forêt

à Mario Prassinos

Nous entrons dans la nuit comme dans une
forêt, toujours enfants, quand le village ramassé
respire à peine sous les lampes, serre dans les enclos
ses roses et ses chiens. La lune attise l'aventure.
Une main, dans les blés, nous mène à la lisière
où gronde un train, vitres ouvertes, emportant des regards,
des bouches muettes, des chevelures écartelées aux barrières.
Puis disparaît, ferraille sur les ponts,
soudain nous laisse face au frémissement
des feuilles et des ombres. On voudrait fuir
mais une voix nous presse, les arbres rusent,
une aile creuse un piège ténébreux.
Dans sa hutte dort la sorcière, parmi les simples
et la volaille noire dont les œufs
pendus à la clôture faiblement luisent.
Un renard jappe dans le taillis brûlé
où jadis on trouva le corps d'un enfant
sur une fourmilière. Le chêne aux loups
que fendit la foudre penche et se décharne.
Plus loin sur une flache tremble le feu
de l'unique étoile. Alors des voix menues
se plaignent sur les rives, des yeux
s'allument aux ronciers, ce qui nous frôle
n'a plus de nom, et nous savons dans la terreur
que le retour n'est plus possible,
qu'il nous faudra marcher, seuls maintenant,
dans la lueur croissante de la lune
jusqu'à ce cœur qui bat dans la haute futaie
et nous aspire. On ne peut plus crier désormais,

le souffle ploie, la langue s'enfle dans la bouche.
Dans l'éclaircie se lèvent les trois pierres
comme des dieux voilés sans geste ni visage

et lentement nous tombons sur la mousse noire.

Finale

Ce qui s'ouvrait à l'aube dans le sang
et qui vécut d'espace, de lumière,
la nuit le clôt par un semblable signe :

le cerne d'ombre,
la roue solaire,
l'œil divin
dont la pupille se couronne
du vol funèbre d'un oiseau.